TED HARRISON
O CANADA

Kids Can Press Ltd. gratefully acknowledges the assistance of the Canada Council and the Ontario Arts Council in the production of this book.

Canadian Cataloguing in Publication Data

Harrison, Ted, 1926 –
    O Canada

Text in English and French. Musical arrangement included.
ISBN 1-55074-087-3

1. National songs—Canada—Texts—Juvenile literature.
I. Lavallée, Calixa, 1842 – 1891. O Canada. II. Title.
III. Title: O Canada.

PS8565.A77T4 1992   j782.42′1599′0971   C92-093401-3E
PZ7. H37Te 1992

Kids Can Press Ltd.
585½ Bloor Street West
Toronto, Ontario
M6G 1K5

Design by Michael Solomon
Typesetting by Techni Process Limited
Printed and bound in Canada by D.W. Friesen & Sons Ltd.

92 0 9 8 7 6 5 4 3 2 1

Kids Can Press Ltée tient à remercier le Conseil des arts du Canada et le Conseil des arts de l'Ontario pour leur aide apportée à la production de ce livre.

Données de catalogage avant publication (Canada)

Harrison, Ted, 1926 –
    O Canada

Texte en français et en anglais. Arr. musical inclu.
ISBN 1-55074-087-3

1. Hymnes nationaux—Canada—Textes—Ouvrages pour la jeunesse. I. Lavallée, Calixa, 1842 – 1891. O Canada.
II. Titre. III. Titre: O Canada.

PS8565. A77T4 1992   j782.42′1599′0971   C92-093401-3F
PZ23.H37Te 1992

Kids Can Press Ltée
585½, rue Bloor Street ouest
Toronto (Ontario)
M6G 1K5

Conception de Michael Solomon
Composition de Techni Process Ltée
Imprimé et relié au Canada par D.W. Friesen & Sons Ltd.

TED HARRISON
O CANADA

KIDS CAN PRESS LTD.

TORONTO

FOREWORD

It all began playing soccer in the dusk of a wartime English afternoon. Suddenly a boy ran onto the field and shouted that we were all being evacuated to Canada. Of course it never happened, but the magic name CANADA remained a symbol of all that was good in the world. A land where no bombs fell, no one went short of food, and where the apples were as bright and polished as Snow White's.

Many years later, after I had travelled extensively and lived in countries as diverse as Kenya, Malaysia and New Zealand, the magic name called me through a unique ad in the Times Educational Supplement. From its page loomed the face of a great moose. Underneath was the legend "Come and teach in the land of the Mighty Moose." In smaller type there lay the caution," Weaklings need not apply." Who could resist such a challenge? The "call of the wild" had come. And we responded.

We were not disappointed. The whole of this vast country has been a source of wonder and admiration to me since I first arrived. Since that long-ago day, I have had the joy of visiting every province and territory, meeting people whose backgrounds and beliefs are as varied as the land itself.

We are a nation not given to flag waving and jingoistic expressions of patriotic adulation, but there is a deep affection for Canada in the hearts of most of its people regardless of region or culture.

This book is a purely personal impression of my journeys throughout Canada. My vision may be quite different from yours, but each illustration in this book has been a labour of love to portray the country for which I feel such a great affection.

I dedicate this book to all Canadians who love this country and desire to see it remain united. Vive la différence!

Ted Harrison
January, 1992

AVANT-PROPOS

C'était pendant la guerre. Nous jouions au soccer lorsqu'un garçon se précipita sur le terrain de jeu en criant que nous allions tous être évacués au Canada. Il va sans dire que cela ne se produisit jamais; mais je n'ai toujours pas oublié ce que le mot magique "Canada" évoqua et évoque toujours à mon esprit: un symbole de ce qu'il y a de meilleur au monde, une terre de paix et d'abondance.

Bien des années plus tard, alors que j'avais déjà parcouru les quatre coins du monde, le mot magique m'interpella à nouveau par une simple annonce dans le supplément scolaire du Times. On y voyait un orignal majestueux sous lequel on pouvait lire "Venez enseigner sur la terre du Grand Orignal." Il y avait aussi, en plus petits caractères: "poules mouillées, prière de s'abstenir…" Inutile de dire que je ne pus résister à un tel défi. Les grands espaces m'appelaient et j'étais bien résolu à répondre à leur appel.

Je ne fus pas déçu. Depuis le jour de mon arrivée, il y a maintenant longtemps, je n'ai cessé d'être émerveillé par ce pays immense que j'ai parcouru "d'un océan à l'autre." J'ai visité toutes les provinces et tous les territoires; j'y ai rencontré une multitude de personnes toutes aussi captivantes les unes que les autres de par la richesse et la variété de leurs cultures et de leurs croyances respectives.

Nous ne formons pas une nation réputée pour l'adulation de notre drapeau ni pour des manifestations de nationalisme chauvin; il n'en reste pas moins que les Canadiens, peu importe leur culture ou leur religion, ont un profond attachement pour leur pays.

Je vous propose dans ce livre une vision tout à fait personnelle du Canada tel que je l'ai perçu au cours de mes nombreux voyages. Chacune des illustrations que je vous offre ici constitue une oeuvre d'amour pour le pays que j'aime tant.

Je dédie ce livre à tous les Canadiens qui aiment leur pays et qui tiennent à ce qu'il reste uni. Vive la différence!

Ted Harrison
Janvier 1992

O Canada! Our home and native land!
True patriot love in all thy sons command.

Ô Canada! Terre de nos aïeux,
Ton front est ceint de fleurons glorieux!

NEWFOUNDLAND

When I think of Newfoundland, what first comes to my mind is the tremendous hospitality that thrives here. But how can one paint that? Luckily for me, the austere landscape is as beautiful as its inhabitants are generous. My vision of Newfoundland is tied to the sea teeming with life—here the fin whale, lobster and cod. Beyond the icebergs, the outport houses huddle beneath the flat-topped cliffs.

TERRE-NEUVE

Terre-Neuve pour moi, veut dire *terre d'hospitalité*; mais comment peindre une telle grandeur de coeur? Heureusement, la générosité des Terre-Neuviens n'a d'égal que la beauté austère des paysages. C'est donc dans cette optique que j'entrevois Terre-Neuve : la mer où la vie abonde (la nageoire de baleine, le homard, la morue). À quelque distance des icebergs, un village de pêcheurs se blottit contre les falaises aux sommets aplatis.

With glowing hearts we see thee rise
The True North strong and free;

Car ton bras sait porter l'épée,
Il sait porter la croix!

NOVA SCOTIA

Nova Scotia is a majestic procession of wonderful old houses and meandering coastal roads. To journey along those roads, discovering the fishing communities along the way, and watching the seagulls skim over the dories anchored in the many bays, has been one of the great pleasures of my life.

NOUVELLE-ÉCOSSE

La Nouvelle-Écosse est une majestueuse procession de vieilles maisons somptueuses et de routes qui serpentent le long de la côte. J'ai vécu un des plus beaux moments de ma vie en parcourant ces routes côtières, en découvrant des villages de pêcheurs et en admirant les goélands frôler les doris ancrés dans les innombrables baies.

From far and wide O Canada,
We stand on guard for thee.

Ton histoire est une épopée
Des plus brillants exploits.

PRINCE EDWARD ISLAND

A land of endless pink-sand beaches, graceful great blue herons and fertile, brick-red soil, Prince Edward Island always calls me back. I am continually fascinated by the pure white and red-topped lighthouses and by the rich rolling countryside dotted with farmhouses.

ÎLE DU PRINCE ÉDOUARD

Cette île aux plages infinies de sable rosé que survole le héron majestueux, ne cesse de me fasciner. Avec ses phares blancs aux toitures rouges et ses routes de campagne parsemées de fermes, l'île du Prince Édouard est le petit joyau de ce grand pays.

God keep our land glorious and free!
O Canada, We stand on guard for thee.
O Canada! We stand on guard for thee.

Et ta valeur, de foi trempée,
Protégera nos foyers et nos droits.
Protégera nos foyers et nos droits.

NEW BRUNSWICK

New Brunswick is such a varied province—the country's best-kept secret. From the bustling St. John harbour to the thoroughbred horses of the lush St. John River Valley and from historic King's Landing to marvellous Grand Manan Island, New Brunswick surprises and delights me.

NOUVEAU BRUNSWICK

La province de la variété. Qu'il s'agisse du port achalandé de Saint-Jean, des chevaux pur-sang de la vallée St. John River ou de l'île Grand Manan, le Nouveau Brunswick ne cesse de me surprendre.

O Canada! Where pines and maples grow,
Great prairies spread and lordly rivers flow,

Sous l'oeil de Dieu, près du fleuve géant
Le Canadien grandit en espèrant.

QUEBEC

La belle province is surely well named. The great Laurentian Shield and the mighty St. Lawrence River shape and define not only the landscape but the people as well. I hold a special affection for Quebec City. It combines old-world charm with gracious modern living.

QUÉBEC

Quel nom mieux indiqué que celui de *belle province* pour parler du Québec. Le grand bouclier laurentien et le fleuve grandiose façonnent le territoire ainsi que les gens qui l'habitent. J'éprouve une affection toute particulière pour la ville de Québec. La chaleur du vieux monde s'y fond avec les commodités de la vie moderne.

How dear to us thy broad domain,
From East to Western sea!

Il est né d'une race fière,
Béni fut son berceau.

ONTARIO

Ontario is a province of many contrasts. I find the city of Toronto fascinating to visit, with its galleries and museums. However, the country towns are unique— beautiful, historic and welcoming. I must reserve a cheer for Ottawa and for its delightful farmers' market.

ONTARIO

L'Ontario est la province aux multiples contrastes. La ville de Toronto offre une multitude de galeries et de musées. Les petites villes de campagne, par ailleurs, ont un charme tout à fait unique, un cachet historique, et on y est toujours bien reçu. Je me dois de souligner Ottawa pour ses superbes marchés de plein air.

Thou land of hope for all who toil!
Thou True North strong and free!

Le ciel a marqué sa carrière
Dans ce monde nouveau.

MANITOBA

If Van Gogh had been here during sunflower season he would have revelled in the brilliant yellow display. This is southern Manitoba—a pastoral patchwork of fields and farms. Nothing could be more different from this scene than the wild vistas and vast spaces that define the northern part of the province.

MANITOBA

Ici, la saison des tournesols ne saurait laisser un Van Gogh en mal d'inspiration . . . Voici un paysage pastoral du sud du Manitoba; véritable mosaïque de champs et de fermes. Rien ne saurait différer davantage de cette scène que les vastes horizons sauvages qui occupent la partie septentrionale de la province.

God keep our land glorious and free!
O Canada, We stand on guard for thee.
O Canada! We stand on guard for thee.

Toujours guidé par sa lumière,
Il gardera l'honneur de son drapeau.
Il gardera l'honneur de son drapeau.

SASKATCHEWAN

In Saskatchewan the horizons never end. A cloudless sunny sky shines down upon the golden, waving prairie. Grain elevators dot the landscape like sentinels. From these open plains the Northwest Mounted Police first rode out to bring law and order to a new land. And to this day, the famous Musical Ride drills under a painter's sky.

SASKATCHEWAN

Ici, l'horizon est infini. Le soleil resplendit sur la grande prairie onduleuse. Les silos, tels des sentinelles, gardent la plaine dorée. C'est ici que la Police montée du nord-ouest entreprit ses premières missions d'établissement et du maintien de l'ordre sur cette terre nouvelle. D'ailleurs, on peut toujours voir le célèbre *Musical Ride* s'entraîner sous un ciel splendide.

O Canada! Beneath thy shining skies
May stalwart sons and gentle maidens rise;

De son patron, précurseur du vrai Dieu,
Il porte au front l'auréole de feu.

ALBERTA

The rolling foothills of Alberta provide a magnificent setting for the sprawling farms and ranches that abound. Here, cowboys still ride, their paths crossing daily the oil pumps that tap the great underground reserves of oil and natural gas. Alberta was the first province I lived in on my arrival to Canada. It is the home of the University of Alberta, my *alma mater*, and holds a special place in my heart.

ALBERTA

Les contreforts de l'Alberta offrent un cadre magnifique aux nombreuses fermes et ranches. Ici, on peut encore voir des cow-boys chevaucher près des grandes pompes qui extraient l'or noir d'un sol riche en pétrole et en gaz naturel. L'Alberta est la première province où je m'établis à mon arrivée au Canada. C'est ici que se trouve l'Université de l'Alberta, pour laquelle j'éprouve une affection toute particulière puisque j'y ai fait mes études.

To keep thee steadfast through the years
From East to Western sea,

Ennemi de la tyrannie
Mais plein de loyauté,

BRITISH COLUMBIA

The Pacific Ocean and the mountains have shaped British Columbia's climate and character. In the fierce independence of the men and women of the inshore fishing fleets one can find the pioneer spirit alive and well. And where the Coastal Mountains plunge into the blue, still waters of the Pacific, the roving orca whales and migratory salmon flourish.

COLOMBIE BRITANNIQUE

Le climat et le caractère de la Colombie Britannique ont été façonnés par l'océan Pacifique. L'esprit des pionniers s'anime toujours au sein de ces femmes et de ces hommes qui vivent de la pêche côtière. On retrouve des populations relativement importantes de saumons en migration et de baleines nomades près de l'endroit où les montagnes côtières se jettent dans les eaux tranquilles de l'océan Pacifique.

Our own beloved native land,
Our True North strong and free.

Il veut garder dans l'harmonie
Sa fière liberté.

YUKON TERRITORY

There are many facets to life in the Yukon—the corner of Canada I have chosen to call home. It is a great place to live, full of wonderful experiences and memories. One of the moments I most love and am compelled to paint is that magical shimmering instant when the winter evening sky comes alive with the glow of the Northern Lights. The land here is greater even than its legends.

YUKON

La vie prend plusieurs facettes au Yukon, ce coin de pays que j'ai fait mien. C'est un endroit riche d'expériences et de souvenirs où il fait bon vivre. Je me dois d'immortaliser en peinture ce moment magique alors que le noir du ciel hivernal s'anime soudainement des feux dansants des aurores boréales. Ici, la terre s'étend au delà des limites de ses légendes.

God keep our land glorious and free!
O Canada, We stand on guard for thee.
O Canada! We stand on guard for thee.

Et par l'effort de son génie,
Sur notre sol asseoir la vérité.
Sur notre sol asseoir la vérité.

NORTHWEST TERRITORIES
To the north of Yellowknife is a wonderland of vast open space filled with myriads of glacial lakes in every shape and size. The arctic wolf trails a barrenground caribou—the life cycle of the north unfolds. In this northern paradise one gains the sense of complete freedom, and a feeling for the greatness of Canada.

TERRITOIRES DU NORD-OUEST
On trouve au nord de Yellowknife un pays merveilleux aux grands espaces couverts de lacs glaciaires aux dimensions et aux formes défiant l'imagination. Le cycle vital du nord se déroule alors que le loup arctique suit la piste d'un caribou de la toundra. C'est ici, dans ce paradis nordique, qu'il est possible de ressentir cette impression de complète liberté et d'immensité du Canada.

O CANADA

English text by R. STANLEY WEIR, D.C.L.
Paroles françaises de L'Hon. Judge ROUTHIER

Musique de CALIXA LAVALLÉE
Harmonisé par R. Stanley Weir

O CANADA

This is a humble effort to do a great thing: to supply Canadians with a National Song; not to usurp others more or less in vogue, but to take a place with them in the minstrelsy of our country.

It is advisedly a song, not a hymn, and may therefore be freely and fittingly used upon secular occasions. At the same time it is hoped that the sentiments expressed would not make it inappropriate even at a religious festival.

The words have been written because Mr. Lavallée's splendid melody (one worthy to rank with the finest national airs of any of the older lands) has hitherto lacked an English setting in the song style.

The original harmonies have been enriched by suggestions from G.A. Grant-Schaefer, the late Guy Ambrose, and Dr. H.C. Perrin.

Schools and Colleges, Athletic and Military Corps, Choirs, and in short, those in "all places where they sing" are cordially invited to make free and wide use of "O Canada."

THE RECORDER'S CHAMBERS
MONTREAL, NOVEMBER 10, 1908

R. Stanley Weir

The Canadian Clubs at their recent meeting in St. John, N.B. having declared themselves in favor of this song as against numerous imitations and at least one plagiarization, I have thought it well to print a new edition, adding another verse for special religious use.

MONTREAL, OCTOBER, 1924

R. Stanley Weir

In 1968 a special Joint Committee of the Senate and House of Commons recommended some changes in the Stanley Weir text. On June 27th, 1980, the House of Commons passed Bill C-36 accepting the changes and designating it as the National Anthem of Canada. On July 1st, 1980, one hundred years after it was first sung on June 24th, 1880, "O Canada" was officially proclaimed our National Anthem. The French lyrics remain unaltered.

Saviez-vous que notre hymne national fut écrit et composé par deux Canadiens français? Calixa Lavallée en a écrit la musique et Adolphe-Basile Routhier, les paroles. D'ailleurs, on a interprété cet air désormais célèbre, pour la première fois à Québec le 24 juin 1880 lors d'un banquet de patineurs. À l'époque, il s'intitulait "Chant national" et on ne le chantait guère que dans la belle province.

Bien des années plus tard, un enseignant de Toronto du nom de Robert Stanley Weir s'est chargé d'écrire des paroles en anglais sur cet air qui n'allait devenir notre hymne national qu'en 1980. Le texte de Monsieur Weir fut modifié plus d'une fois depuis le début du siècle mais celui de Monsieur Routhier est resté le même.

> "Ô Canada, terre de nos aïeux,
> Ton front est ceint de fleurons glorieux,
> Car ton bras sait porter l'épée,
> Il sait porter la croix!
> Ton histoire est une épopée
> Des plus brillants exploits.
> Et ta valeur de foi trempée,
> Protégera nos foyers et nos droits,
> Protégera nos foyers et nos droits."